Teresa von Avila

Gott zwischen den Kochtöpfen

Herausgegeben von Anneliese Schwarzer

Edition Eine neue Erde · Peter Hammer Verlag · Wuppertal

Edition Eine neue Erde
Band 11
Fotos von Jörg Heynkes

Die Deutsche Bibliothek – CIP-Einheitsaufnahme
Gott zwischen den Kochtöpfen / Teresa von Avila.
Hrsg. von Anneliese Schwarzer [Fotos von Jörg Heynkes]. –
Wuppertal: Hammer, 1992
(Edition Eine neue Erde; Bd. 11)
ISBN 3-87294-495-9
NE: Teresa <de Jesús>; Schwarzer, Anneliese [Hrsg.];
Heynkes, Jörg: GT

Gestaltung: Theo Lauckmann
Gesamtherstellung: Satz und Druck Contzen, Lünen

Auf, meine Töchter,
es gibt keinen Grund zum Traurigsein!
Wenn der Gehorsam euch
viel äußere Tätigkeit abverlangt,
dann wißt, falls es sich um die Küche handelt,
daß Gott auch zwischen den Kochtöpfen
zugegen ist.

Was bin ich ohne Dich?

Ohne dich, was bin ich, mein Herr?
Was zähle ich, wenn ich nicht bei dir bin?
Wo bleibe ich, wenn ich mich auch nur
ein wenig von dir entferne?

Was könnte ich anderes mehr ersehnen
als mich dir anzuschmiegen,
so daß mich nichts mehr von dir trennt?

Wissen, wer wir sind

Nicht wenig Elend und Verwirrung kommen daher,
daß wir uns selber nicht verstehen
und nicht wissen, wer wir sind.
Wäre es nicht eine große Unwissenheit,
wenn jemand auf die Frage, wer er sei,
nichts von sich, von seinen Eltern,
von seinem Land zu sagen wüßte?
Wäre schon das tierischer Unverstand,
so herrscht ein noch viel größerer Stumpfsinn in uns,
wenn wir nicht dem, was wir sind, nachsinnen,
sondern in unserem Leib gefangen bleiben
und nur oberflächlich, nach Hörensagen,
etwas vom Vorhandensein einer Seele in uns wissen.

Unsere Seele ist eine Burg

Unsere Seele ist wie eine Burg,
die ganz aus Diamant oder einem
sehr klaren Kristall besteht
und in der es viele Gemächer gibt,
gleichwie im Himmel viele Wohnungen sind.

Denn wenn wir es recht betrachten,
so ist die Seele des Menschen, der Gott liebt,
nichts anderes als ein Paradies, in dem der Herr,
wie er selbst sagt, seine Lust hat...
In der Mitte all dieser Wohnungen
verbirgt sich die allerwichtigste,
jene, wo die tief geheimnisvollen Dinge
zwischen Gott und der Seele vor sich gehen.

Ohne Anfang und Ende

Gottes Wahrheit ist ohne Anfang und Ende,
und alle anderen Wahrheiten hängen von ihr ab,
wie auch jede andere Liebe
von seiner Liebe abhängt,
und alle anderen Herrlichkeiten
von seiner Herrlichkeit.
Ich kann dies nur dunkel ausdrücken
im Vergleich zu der Klarheit,
mit der Gott mir dies vor Augen führte.

Die Augen aufmachen

Vor Gott sieht die Seele nicht nur die Spinnweben,
sondern auch jedes noch so kleine Stäubchen,
denn die Sonne Gottes ist sehr hell.
Vorher glaubt die Seele, daß sie sich bemüht hat,
Gott nicht zu beleidigen,
aber sobald sie zu dieser Verzückung gelangt,
wo die Sonne der Gerechtigkeit auf sie trifft,
so daß sie die Augen aufmachen muß,
stellt sie so viele Stäubchen an sich fest,
daß sie sie sofort wieder schließen möchte.

Alles in Fülle

Alles was die Seele angeht,
muß immer in Fülle, muß weitläufig
und großartig gedacht werden,
großartiger, als es sich sagen und rühmen läßt.
Das ist sehr bedeutungsvoll für jeden,
bete er nun viel oder wenig, daß er die Seele
nicht in einen Winkel drückt und verdumpft.
Lasse er sie durch alle Gemächer schweifen,
da ihr Gott so große Würde verlieh.

Die Spur des Schöpfers

Den Seelen, die zum Gebet der Ruhe,
zur Meditation gelangen wollen,
nützt ein Buch viel, um sich zu sammeln.
Mir half es auch immer,
Felder, Wasser oder Blumen zu betrachten,
in ihnen fand ich eine Spur des Schöpfers.
Was die himmlischen oder erhabenen Dinge angeht,
war mein Verstand so ungeschickt,
daß ich sie mir in gar keiner Weise vorstellen konnte,
bis der Herr sie mir
auf andere Art vor Augen führte.

Viel lieben

Es kommt nicht darauf an, viel zu denken,
sondern viel zu lieben.
Darum tut das,
was am meisten Liebe in euch erweckt.

Aber vielleicht wissen wir gar nicht,
was Liebe ist?
Das würde mich nicht wundern.
Liebe besteht nicht in dem größeren Genuß,
sondern in der größeren Entschlossenheit,
Gott und den Nächsten erfreuen zu wollen.

Gott kommt uns entgegen

Welch unsinnige Sache ist das doch,
mein wahrer Gott, daß du die liebst,
die dich nicht lieben,
denen entgegenkommst,
die dich nicht anrufen,
die heilst, die lieber krank sind
und sich noch Krankheiten verschaffen.
Schau nicht auf unsere Blindheit, mein Gott.
Sieh, wir sind deine Geschöpfe,
deine Güte und Barmherzigkeit
mögen uns helfen.

Besser ist die Liebe

Die Vernunft ist gut,
aber besser ist die Liebe,
die uns der Vernunft entreißt.
Ich wollte, wir hätten sie, damit wir uns
nicht damit begnügen,
auf vernünftige Weise Gott zu dienen,
immer langsam, Schrittchen um Schrittchen,
denn so nimmt der Weg nie ein Ende.
Meint ihr, wenn wir die Reise von einem Land
in ein anderes auf direktem Weg
in acht Tagen zurücklegen könnten,
daß es dann gut wäre, uns ein Jahr lang
auf schlechten Nebenstraßen,
in Schnee und Regen, herumzutreiben?

Wer nicht wächst, der schrumpft

Es reicht nicht,
euer Fundament nur auf das Beten
und die Kontemplation zu gründen.
Wenn ihr nicht zu Taten der Liebe schreitet,
werdet ihr immer Zwerge bleiben.
Wer nicht wächst, der schrumpft,
denn es ist unmöglich,
daß die Liebe, wo sie da ist,
sich damit begnügt, stehenzubleiben.

Der Ruf Gottes

Bei den Heiligen,
die der Herr nach einem Sündenleben
zu sich genommen hat, fand ich reichen Trost.
Da der Herr ihnen vergeben hat,
ist er mächtig genug, so auch an mir zu handeln.
Es deprimierte mich nur,
daß Gott diese Heiligen nur einmal
hat rufen müssen und sie dann nicht mehr fielen.
Mich dagegen hat er schon so oft gerufen,
daß ich deswegen ganz mutlos bin.

Wie ein Esel

Manchmal benimmt sich meine Seele
wie eine Närrin.
Dann habe ich den Eindruck,
daß ich weder etwas Gutes
noch etwas Böses tue,
sondern nur hinter den Leuten hertrotte,
ohne Schmerz und ohne Freude,
ganz gleich, ob zum Tod oder zum Leben,
ohne Lust und ohne Last,
es ist, als ob man überhaupt nichts spürte.
Dabei ist mir,
als ginge die Seele wie ein Esel umher.

An Gottes Hand

Am liebsten würde ich mich verbergen,
damit keiner mich sieht,
aber das ist kein Verlangen
nach Einsamkeit aus Tugend,
sondern aus Ängstlichkeit.
Ich habe Angst, mich mit allen anzulegen,
die mir widersprechen.
Aber auch wenn dieses ganze Durcheinander
in mir brodelt, bitte ich Gott nicht,
es mir zu ersparen, sondern nur,
mich an seiner Hand zu führen.

Was zählt wirklich?

Was ist es,
das wir mit Geld kaufen können,
nach dem wir doch alle so gieren?
Hat es einen Wert?
Ist es etwas Dauerhaftes?
Oder warum wollen wir es?
Armseliges Zeug erwirbt man sich mit ihm
und oft genug die Hölle.
Wenn es alle für nutzlosen Dreck hielten,
wieviel besser ginge es in der Welt zu,
ohne Geschäftemacherei,
dafür in Freundschaft mit allen.

Mit der Erde verwurzelt

Wir dürfen nicht vergessen,
daß wir keine Engel sind,
sondern einen Körper haben.
Engel sein zu wollen,
solange wir auf dieser Erde weilen
– und so fest auf der Erde stehen wie ich –
ist Unsinn.

Der Verstand braucht eine Stütze

Der Verstand braucht eine Stütze,
auch wenn die Seele manchmal
außer sich gerät und ganz gott-trunken ist.
Das ist aber nicht der Normalfall.
So müssen wir uns bei Verhandlungen,
Verfolgungen, Leiden
und auch in unruhigen Zeiten
ganz an Christus halten, da auch er Mensch war
und vielerlei Schwachheiten und Mühen unterworfen.
Dadurch ist er uns ein Freund
und guter Gefährte geworden.

Aktion und Kontemplation

Da ich immer ganz traurig wurde,
wenn ich wenig Zeit hatte,
bekam ich Mitleid mit denen,
die immer sehr beschäftigt sind
und viel zu tun haben.
Ich dachte bei mir,
daß bei diesem Durcheinander
ein Wachstum des geistlichen Lebens
kaum möglich ist.

Es kann aber auch sein, daß der Gehorsam
das ständige Beschäftigtsein nötig macht,
und es wäre eine schwere Verfehlung,
wenn Gott uns beauftragte,
etwas Konkretes zu tun,
wir aber nichts anderes wollten,
als ihn nur anzuschauen,
weil uns das besser gefällt.

Gott kennt unsere Schwäche

Meine Liebe und mein Vertrauen
zu diesem meinem Herrn wurden immer größer,
da ich sah, daß ich immer mit ihm sprechen konnte.
Ich sah, daß er, obwohl er Gott war,
doch auch Mensch war,
der sich nicht über
die Schwäche der Menschen entsetzt,
sondern unsere armselige Lage versteht.

Freiheit des Geistes

Wir müssen allem mißtrauen,
was uns derart Zwang antut,
daß unsere Vernunft ersichtlich
nicht ihre Bewegungsfreiheit hat.
Niemals wird auf diesem Wege
die Freiheit des Geistes gewonnen.
Gleich dem Wanderer,
der in einem Sumpf steckenbleibt,
geht es hierbei der Seele,
die doch, um vorwärts zu dringen,
nicht nur schreiten,
sondern fliegen sollte.

Viele Wege zu Gott

Es sind der Wege so vielerlei,
auf welchen der Herr den Seelen
seine Freundschaft anträgt,
daß ich kein Ende finden würde,
auch nur die aufzuzählen,
von denen ich gehört habe.

Gott aber bleibt

Nichts soll dich ängstigen,
nichts dich verwirren.
Alles geht vorüber,
Gott aber bleibt.
Die Geduld erreicht alles.
Mit Gott fehlt dir nichts mehr.
Gott allein ist genug.

„Wer nicht wächst, der schrumpft"

Teresa von Avila – Heilige mit irdischem Programm

„Wer nicht wächst, der schrumpft", sagt unsere große Schwester Teresa, und das klingt so frisch und aufmunternd, daß man sofort irgend etwas Neues anfangen möchte, um nicht zu schrumpfen, und handele es sich nur – ganz ungeistlich – um Klavierstunden oder irgendeinen Sprachkurs. Teresa hätte sich sicher sofort in einen Lateinkurs eingeschrieben, wenn das zu ihrer Zeit für eine Frau möglich gewesen wäre. Sie selbst hat nicht einen Augenblick ihres Lebens aufgehört zu wachsen, weder geistig noch geistlich, selbst nicht in jenen ersten Jahren des scheinbaren Stillstands im „Kloster zur Menschwerdung" der Karmelitinnen im spanischen Avila. Da war sie nur eingetreten, weil es ihr der sicherste Weg schien, nicht als sündiger Mensch in die Hölle zu kommen. Denn die junge Teresa war durchaus eitel, extravagant, kokett und verführerisch.
Teresa de Cepeda y Ahumada wurde 1515 in einer wohlhabenden Familie jüdischer Abstammung in Avila geboren. Unter der Herrschaft der „Katholischen Majestäten" Isabella und Ferdinand waren gerade die Mauren aus Spanien vertrieben und Amerika entdeckt worden. Die Juden wurden vor die Alternative gestellt, entweder zu konvertieren oder das Land zu verlassen. Die Inquisition begann zu funktionieren, Ignatius von Loyola gründete die

Gesellschaft Jesu, und im Norden Europas schlug Luther seine Thesen an.
Schon als Kind begeistern Teresa fromme Heiligengeschichten. Sie will unbedingt „Märtyrerin“ werden und kommt eines Tages auf die Idee, mit einem ihrer Brüder (sie hatte übrigens elf Geschwister) auszureißen und sich auf den Weg ins Heilige Land zu machen, in der Hoffnung, die Mauren würden ihr den Kopf abschlagen, was sie unverzüglich in den Himmel expediert hätte. Das Unternehmen schlägt jedoch wenige Kilometer hinter Avila fehl. Als Ersatz bauen die Kinder zwei Hütten im Garten und spielen „Einsiedler“.
Als Teresa 14 Jahre alt ist, stirbt die von ihr bewunderte und verehrte Mutter. Zwei Jahre später steckt der Vater das junge Mädchen ins Kloster der Augustinerinnen, wo sie sittsam erzogen und auf den Ehestand vorbereitet werden soll. Teresa spielt jedoch mit dem Gedanken, statt dessen lieber Ordensfrau zu werden. 1535, als ihr Lieblingsbruder Rodrigo nach Südamerika aufbricht, faßt sie einen einsamen Entschluß: Gegen den Willen des Vaters tritt sie bei den Karmelitinnen in Avila ein. Am Allerseelentag 1536 wird sie eingekleidet – gerade 21 Jahre alt.
1539 erkrankt Teresa lebensgefährlich, muß nach Hause gebracht werden, leidet unter rätselhaften Lähmungserscheinungen und fällt schließlich in tiefe Bewußtlosigkeit. Man hält sie bereits für tot und trifft Vorbereitungen für das Begräbnis. Doch Teresa lebt, rappelt sich mit eisernem Willen wieder auf: „Ich konnte weder das Haupt noch Arme, noch Hände und Füße bewegen, sondern lag regungslos wie eine Tote. Ungefähr drei Jahre blieb ich gelähmt. Ich lobte Gott, als ich, auf Händen und Füßen kriechend, mich wieder etwas fortbewegen konnte.“

Man sollte vermuten, die Begegnung mit dem Tod habe sie aufgerüttelt und reifen lassen. Doch die ins Kloster zurückgekehrte Teresa schwankt noch etliche Jahre zwischen der Stille ihrer Klosterzelle und dem munteren Geplauder im Besucherzimmer. „Weil ich mich nicht an die unerschütterliche Säule hielt, die das Gebet ist, lebte ich fast zwanzig Jahre lang in diesem aufgewühlten Meer mit andauerndem Fallen und Aufstehen. Ich kann nur sagen, das ist eine der schmerzlichsten Lebensweisen, die man sich vorstellen kann, denn weder erfreute ich mich Gottes, noch fand ich in der Welt meine Befriedigung. Wenn ich mich mit der Welt abgab, so geschah das mit Gewissensbissen, und wenn ich bei Gott weilte, bedrängte mich die Anhänglichkeit an die Welt."

1554 hat Teresa ein Erlebnis – eine Ekstase angesichts einer Statue des leidenden Christus –, das sie als ihre endgültige Bekehrung ansieht. Von nun an geht es nicht mehr um Angst, sondern um Liebe, von nun an weiß sie: „Alles ist nichtig – Gott allein genügt." Sie hat zahlreiche mystische Erlebnisse und erkennt Gott als einen Freund, der an ihrer Seite geht und sie liebt. Dieses Gefühl der Freundschaft wird mit der Zeit so stark, ihr Vertrauen auf Gott so verwegen, daß sie es sogar wagt, für Jesus zu beten, denn „irgendeinen muß es ja schließlich geben, Herr, der zugunsten Deines Sohnes spricht, da er selbst niemals auf sich schaut. Wir wollen das sein, auch wenn es verwegen ist, weil wir doch so armselig sind. Sieh doch, daß dein Sohn noch auf der Welt weilt. Um seinetwillen möge all das Schändliche, Abscheuliche und Unreine aufhören, er hat es nicht verdient."

Ihre Seele gelangt zur Ruhe, doch ihre leibliche Sicherheit ist gefährdet. Alles, was sich auf eine direkte Gotteserfahrung bezieht – zumal bei einer Frau – ist der Inquisition verdächtig. Teresa weiß das

und sucht darum Rückendeckung bei ihren Beichtvätern, oft genug Männer, die jünger sind als sie und die ihren geistigen Höhenflügen nicht folgen können.
Die mystische Schau, so umwerfend sie auch sein mag, läßt Teresa noch genug Erdenschwere, um sich an ganz praktische Aufgaben heranzuwagen. Ab 1562 – sie ist inzwischen 47 Jahre alt – beginnt sie, ihren Orden zu reformieren, gründet in Avila ein neues Kloster und unterwirft sich selbst und ihre Mitschwestern einer reformierten Ordensregel. Aus den sogenannten beschuhten Karmelitinnen werden unbeschuhte. Natürlich handelt es sich dabei nicht um die läppische Frage, ob keine Schuhe zu tragen gottgefälliger sei, als beschuht durchs Leben zu gehen. Es geht ihr bei ihren Gründungen auch nicht darum, für sich privat die Möglichkeit größerer Zurückgezogenheit zu schaffen. Dafür hätte sie nur in ein strengeres Kloster überzuwechseln brauchen. Aber Teresa sorgt sich nicht nur um ihr eigenes Seelenheil, sondern um das aller Menschen. Ihren Schwestern schreibt sie ins Stammbuch: „Die Welt steht in Flammen! Jetzt ist wahrhaft keine Zeit mehr, in unseren Gebeten dem lieben Gott unsere kleinlichen, egoistischen Anliegen vorzutragen."
Teresas Aktivitäten werden von der Kirche und von den Orden mit größtem Argwohn betrachtet. Die damaligen Frauenklöster waren oft nicht viel mehr als Refugien für unverheiratete Töchter aus wohlhabenden Familien, die dort nicht nur mit Bediensteten, sondern auch mit Ansprüchen aller Art einzogen. Häufig hatte ein adeliger Verwandter das betreffende Kloster gegründet, so daß sie auf Privilegien pochten. Mit diesen Mißständen beginnt Teresa aufzuräumen, und selbst die Prinzessin von Eboli, die es sich nach dem Tod ihres

Gatten im Kloster von Pastrana bequem gemacht hat, bekommt Teresas Strenge zu spüren.

Bis zu ihrem Tod im Jahr 1582 gründet Teresa 17 Frauen- und 14 Männerklöster des Karmels, die letzteren zusammen mit Johannes vom Kreuz und anderen reformwilligen Mönchen. Sie bereist, hauptsächlich in Eselskarren, selten einmal in einer geliehenen Pferdekutsche, ganz Kastilien und Andalusien. Die Legende berichtet, sie habe einmal einen reißenden Fluß überqueren müssen und sich inmitten der Fluten bei Christus über ihr Los beschwert. Der habe ihr geantwortet, alles sei eine Prüfung, die nur denen zuteil werde, die seine Freunde seien. Worauf Teresa geantwortet haben soll: „Deshalb hast du auch nur wenige Freunde."

Teresa schlagen jedoch noch ganz andere Wellen und Widerstände entgegen: Die beschuhten Karmeliter wollen ihr bequemes Leben nicht aufgeben (zumal sie nicht gewillt sind, sich von einer Frau Anweisungen geben zu lassen), der päpstliche Nuntius Felipe Sega nennt sie eine „ruhelose Landstreicherin" und Pater de Salazar, dem Teresa zu emanzipiert für eine Betschwester ist, schickt sie kurzerhand für drei Jahre in ihr erstes Kloster zurück. Aber sie findet auch treue Freunde und Helfer.

„Einmal geschah es, daß ich wegen einer gewissen Angelegenheit in großen Widerwärtigkeiten steckte, so daß die ganze Stadt über mich redete und auch mein Orden nicht mit mir einverstanden war. Wie ich so aus vielerlei Anlässen sehr niedergeschlagen und beunruhigt war, sagte mir der Herr: ‚Warum fürchtest du dich? Ich werde alles erfüllen, was ich dir versprochen habe', (was auch später eintraf). Darauf spürte ich eine solche Kraft in mir, daß ich von neuem bereit war, auch noch anderes zu unterneh-

men, um ihm zu dienen, auch wenn es noch mehr Mühen gekostet hätte."
Die geistliche Entwicklung Teresas hat nun ihren Höhepunkt erreicht. Das Problem „Gott oder Welt", „Aktion oder Kontemplation" existiert nicht mehr für sie: „Martha und Maria müssen zusammen gehen, um den Herrn aufnehmen zu können und ihn immer bei sich zu behalten, sonst wird er schlecht bewirtet sein und nichts zu essen haben." In dieser letzten aktiven Etappe ihres Lebens erfahren ihre Leiden und Krankheiten eine Besserung, auch wenn sie nie ganz schmerzfrei ist. Seit ihrem Eintritt ins Kloster leidet Teresa unter schweren Gesundheitsstörungen, die von Krämpfen, Kopfschmerzen und ständigem Erbrechen bis hin zu Lähmungen und todesähnlicher Erstarrung reichen.
Über Teresas Krankheiten, wahrscheinlich psychosomatischen Ursprungs, ist viel spekuliert worden. Lehnte sich die junge Frau damit unbewußt gegen die, wenn auch freiwillig gewählte, klösterliche Einengung auf? Andere Interpreten deuten an, daß es sich auch umgekehrt um eine heftige Ablehnung der Welt, insbesondere der damaligen Lebensbedingungen für Frauen, handeln könnte. So hält Teresa ihren Mitschwestern vor Augen: „Bekanntlich muß die Ehefrau mit ihrem Manne so umgehen, daß, wenn er traurig ist, sie sich ebenfalls traurig zeigen muß, und wenn er fröhlich ist, fröhlich, selbst wenn ihr überhaupt nicht danach zumute ist. Seht, Schwestern, von welcher Untertänigkeit ihr euch befreit habt!"
Das Kloster als der Freiraum für eine selbständige geistige und geistliche Entwicklung? Sicher ist, daß Teresa als Ehefrau nicht über ein weibliches Normaldasein der damaligen Zeit hinausgekommen

wäre. Und ganz gewiß hätte sie kein einziges Buch geschrieben. Selbst das Bücherlesen wurde ihr zeitlebens schwergemacht.
Schon als Kind war Teresa eine große Leseratte, zuerst von romantischen Ritterromanen, später auch von erbaulichen Schriften – eine Tatsache, die keineswegs normal war und die sie nur ihrer Herkunft zu verdanken hatte. Zugang zu den großen Themen ihrer Zeit besaß sie jedoch nicht, da diese fast nur in Latein, der Sprache der Gelehrten, erörtert wurden. Nicht einmal die Bibel – obwohl eine Ausgabe in ihrer Muttersprache existierte – durfte sie lesen (sie zitiert oft Stellen mit dem Zusatz „so heißt es, glaube ich, genau weiß ich es nicht"). Im Jahr 1559 schließlich werden fast alle Bücher, zu denen sie Zugang hatte, selbst die Stundenbücher ihres Ordens, auf den Index verbannt.
Ein Jahr später beginnt sie selbst zu schreiben. Ihr erstes Buch „Autobiographie" ist ein „Rechenschaftsbericht ihrer Seele", den sie allerdings nur – und das wird bezeichnend für alle ihre Bücher sein – auf ausdrückliche Aufforderung ihres Beichtvaters abfaßt. Es folgen „Weg der Vollkommenheit", „Wohnungen der Seelenburg", „Meditationen über die Gesänge", „Gründungen", dazu kleinere Werke und immer wieder Gedichte, Lieder und Verse, die sie oft zusammen mit ihren Mitschwestern auf ihrem armseligen Eselskarren verfaßt, um die beschwerlichen Reisen kurzweiliger zu gestalten.
Teresa hat Angst vor der Inquisition, und mit Recht. Ihr erstes Buch, obwohl vom Verdacht der Häresie freigesprochen, wird zwölf Jahre lang zurückgehalten und erscheint erst sechs Jahre nach ihrem Tod. Sie schreibt ohne Namen oder Orte zu nennen, entschuldigt sich häufig für ihre weibliche Unwissenheit und fügt immer wieder den Zusatz „mir scheint" ein, um nicht allzu offensichtlich in die Män-

nerdomäne der Gottesgelehrsamkeit einzudringen. Später wird sie gewitzter und gebraucht, anstatt in der ersten Person zu sprechen, die Formel „eine mir bekannte Person". Sie läßt sich jedoch von den Theologen nicht mundtot machen: „An den Tagen, an denen ich innerlich ruhig bin und im Gebet verweile, können mich noch so viele studierte Theologen und Heilige, die es auf der Welt geben mag, nicht zu dem Glauben bringen, daß hinter dem, was ich erlebe, der Teufel steht, weil ich es einfach nicht glauben kann."

Teresa schreibt spontan und sehr unmittelbar, so wie ihr es gerade in den Sinn kommt. Meist hat sie aus Zeitmangel keine Gelegenheit, die Manuskripte noch einmal durchzulesen; so wirken ihre Schriften oft wie Unterhaltungen mit ihren „Töchtern" oder „Schwestern", immer wieder unterbrochen von einem Dialog mit Gott, der gleichzeitig „Majestät" und Freund ist. Ihre Sorge, sich auch ja recht verständlich zu machen, läßt sie eine Fülle von Bildern und Gleichnissen erfinden und viele erlebte Geschichten einflechten.

Ihre berühmtesten Gleichnisse sind wohl die von der Seelenburg und von den vier Arten des Gebets. Die Beschreibung der „vier Weisen des Gebets, durch das die Blüten der Seele gewässert werden" ist eine lange Unterbrechung ihres Lebensberichtes. Sie hört plötzlich mit der Beschreibung ihres geistlichen Wachstums – einer schonungslos offenen Psychoanalyse – auf und stellt auf fast hundert Seiten dar, wie die erste Stufe des Betens einem mühsamen Wasserschöpfen aus einem Brunnen gleicht (Teresa lebte im trockenen Kastilien): „Durch vier Weisen des Gebets werden die gottgepflanzten Blüten in der Seele gewässert: Durch mühseliges Wasserschöpfen aus einem Brunnen; durch ein Schöpfrad mit Winde, was schon Erleichterung gewährt; durch einen Bach oder Fluß, der die Erde viel reichlicher tränkt und vom Gärtner nicht so häufiges Bewässern verlangt; oder durch starken Regen, wobei der Herr ohne unsere Arbeit wässert, und dies ist unvergleichlich die beste Weise... Diejenigen, die gerade erst mit dem Beten beginnen, haben viel Mühe und werden schnell müde, ihre Sinne zu sammeln. Später jedoch wird der Herr dem Gärtner immer mehr helfen, so daß schließlich er es ist, der fast alle Arbeit tut."

Das Buch „Weg der Vollkommenheit", das Teresa für ihre Mitschwestern schreibt, ist eine Anleitung zum Gebet und zur Meditation, womit sie ein zu ihrer Zeit ziemlich heißes Eisen anpackt, da sie das „Plappern", das damals empfohlene bloße Lippengebet, ablehnt und zum „inneren Gebet" hinführen will. „Gewiß, wenn einem Gebet etwas fehlt, um ein innerliches Gebet zu sein, so ist es nicht das, daß man den Mund geschlossen hält. Wenn ich beim Sprechen deutlich spüre, daß ich mit Gott mit mehr Aufmerksamkeit spreche, als daß ich nur Worte hervorbringe, dann sind mündliches und innerliches Beten beisammen. Falls man euch aber einreden will, daß ihr mit Gott sprecht, wenn ihr das Vaterunser hersagt und dabei an die Welt denkt, dann habe ich dazu nichts mehr zu sagen. Aber wenn ihr mit einem so großen Herrn sprechen wollt, wie es sich ziemt, dann müßt ihr darauf achten, mit wem ihr sprecht und wer ihr seid."

Auch mit ihrer Betonung der Menschheit Christi, ein Thema, das in ihren Schriften immer wieder auftaucht, stellt sie sich einer ganzen theologischen Strömung entgegen. Für Teresa ist es hauptsächlich der Mensch Jesus, und nicht ein entfernter und verklärter Teil der göttlichen Dreieinigkeit, der ihr Halt und Hilfe bietet. „Da auch er Mensch war und vielerlei Schwachheiten und Mühen unterworfen, ist er uns ein Freund und guter Gefährte geworden".

Mit ihrer überraschenden Erkenntnis „Gott ist ganz anders, als die Theologen es uns weiß machen wollen", stieß sie nicht nur auf kirchliche Kritik. Sie rüttelte im streng katholischen Spanien auch an den Grundpfeilern der Feudalherrschaft: „Gott ist nicht wie die, die wir hier als Herren haben, die ihr ganzes Herr-Sein auf eine künstliche Autorität gründen und Sprechstunden und Vermittlungspersonen brauchen."

Teresa von Avila starb am 4. Oktober 1582 auf dem Rückweg von Burgos, wo sie gerade ein Kloster gegründet hatte. Sie war eine Mystikerin, die den Kontakt mit der Welt niemals verlor, eine Heilige mit ausgeprägtem Sinn für das Praktische und für die Herausforderungen der Zeit. Wer auch nur ein einziges Buch von Teresa von Avila gelesen hat, liebt sie. Man braucht kein frommer Katholik zu sein, um manchmal mit einem Stoßseufzer an sie zu denken. Teresa hat keine Antwort auf alle aktuellen Fragen parat. Auch sie war ein Kind ihrer Zeit. Am meisten stört vielleicht ihre fast panische Reaktion auf die protestantische Reformation, durch die ihrer Meinung nach viele Seelen verloren gingen, was sie besonders betrübte, ebenso wie sie den „vielen Millionen gottferner Seelen in Westindien" (dem gerade entdeckten Amerika) nachtrauerte und sie am liebsten alle missioniert hätte.

Es scheint nicht so abwegig zu denken, daß Teresa und Luther, hätten es ihnen eine vorurteilsfreiere Zeit erlaubt, gute Freunde geworden wären. Beide quälte die Frage nach einem gnädigen Gott, beide waren mit den Mißständen innerhalb der damaligen Kirche nicht einverstanden, obwohl sie sich als ihre Kinder verstanden, beide suchten das innere Gebet, anstatt „zu plappern wie die Heiden", beide schauten dem Volk aufs Maul und schrieben volksnah in ihrer

Muttersprache. Doch, Spekulationen beiseite – im Grunde ist Teresas Zeitgebundenheit unwesentlich für uns. Auch sie hat sich über viele damalige Denkmodelle hinweggesetzt und selbständig gedacht und gehandelt – warum sollte sie die gleiche Haltung nicht heute billigen? Zeitlos dagegen ist die menschliche Seele – „alles, was sie angeht, muß immer großartig und in Fülle gedacht werden" –, ist das Gebet – „wer noch nicht damit begonnen hat, den bitte ich, doch nicht auf ein so großes Gut zu verzichten" –, und ist die Liebe Gottes, „von der jede andere Liebe abhängt". Und natürlich unsere Aufgabe, zu wachsen und nicht zu schrumpfen.

Anneliese Schwarzer

Die Fotos in diesem Buch entstanden zum größten Teil in Avila und in Kastilien.

Edition Eine neue Erde
In gleicher Ausstattung sind erschienen:

Wolfgang Poeplau (Hg)
Wir träumen die Lieder
Irische Segenssprüche

Uwe Seidel (Hg)
Du bist das Licht
Sonnengesänge

Dorothee Sölle (Hg)
O Grün des Fingers Gottes
Die Meditationen der Hildegard von Bingen

Gregorio Mezarina
Die Liebe zwischen den Dornen
Peruanische Passion

Wolfgang Poeplau (Hg)
Stille hinter dem Wind
Keltische Segenssprüche

Alfred Delp
Wie die Hoffnung wächst
Botschaften aus dem Kerker

Wolfgang Poeplau (Hg)
Gott, geh in meinen Mokassins
Indianische Gebete

Khalil Gibran
Lieder, die der Wind schrieb
Anstiftung zum Frieden

Annette von Droste-Hülshoff
Meine Lieder werden leben

Peter Hammer Verlag Wuppertal